台風19号の浸水被害　さいたま市西区　指扇病院周辺（2019年10月13日）

近年の主な風水害

平成30年7月豪雨（西日本豪雨）

1府10県で「大雨特別警報」が発表され、中国、近畿地方などで48時間・72時間雨量が観測史上1位を記録。死者・行方不明者245人、負傷者433人、住家被害50,470棟。

令和元年東日本台風（台風19号）

10月10日～13日の総降水量が東日本を中心に17地点で500ミリを超え、関東甲信越と東北の多くの地点で3～24時間の降水量が観測史上1位を記録。埼玉県でも死者4人、負傷者33人、住家被害7,000棟以上の被害が発生した。

令和2年7月豪雨

7月3日から西日本～東日本、東北地方の広範囲で大雨となり、特に4日～7日にかけて九州で記録的な大雨に見舞われた。球磨川や筑後川など大河川の氾濫が相次ぎ、死者・行方不明者86人、負傷者77人、住家被害16,599棟。

頻発する「記録的な大雨」
迫る「巨大地震」
過去の災害を教訓に「防災力」を高める

近年、全国各地で「記録的な大雨」が頻発し、河川の氾濫や土砂災害などで多くの命が失われています。また、「南関東でマグニチュード7程度の地震（首都直下地震）が30年以内に起こる確率は70％程度」と発表されています。

台風や集中豪雨、地震などの自然災害を止めることはできませんが、「減災」は可能です。過去の災害を教訓に「防災力」を高めましょう。いざという時に役立つ「備え」や適切な「避難行動」を紹介します。

おすすめ　イツモ防災（埼玉県発行）

家庭で取り入れやすい備えをわかりやすく5編にまとめてあり、埼玉県のHPからそれぞれダウンロードできます。また、県公式スマートフォンアプリ「まいたま防災」からは、アプリ版を見ることができます。

①命を守る3つの自助編
②家庭における災害時のトイレ対策編
③風水害・土砂災害編
④自宅サバイバル編
⑤地震時の行動編

■ 表紙写真（埼玉新聞社）

台風19号　浸水被害
東坂戸団地付近
2019年10月13日

台風19号　土砂崩れ
入間市新久
2019年10月13日

もくじ

■ 企画・編集／埼玉新聞社
■ 取材協力・資料提供／気象庁、熊谷地方気象台、国土交通省水管理・国土保全局、埼玉県危機管理防災部危機管理課
■ 参考文献／「彩の国だより2021年9月号」、「イツモ防災」、「さいたま市防災ガイドブック　令和2年改訂版」

水害から命を守る

キーワードは「事前確認」と「早めの避難」

台風や集中豪雨は「いつ来るか」を事前に知り、「どれくらいの災害になるか」をある程度予測することができます。過去の災害から得た教訓を生かし、大難を小難に、小難を無難に変えていきましょう。

❶ 事前の確認

「ハザードマップ」などで、自宅周辺の災害リスクを調べる

「この川が氾濫すると、水かさはどのくらいになるか」「土砂災害のリスクが高い場所はどこか」など、自分が住む地域の災害リスクを把握しておきましょう。いざという時に必ず役立ちます。

キーワード　ハザードマップ

地域で起こりうる自然災害の被害を予測した防災マップのことで、それぞれの市町村が作成しています。

※すべての市町村で作成しているわけではありません

①河川の氾濫による洪水
②下水道から水があふれるおそれ
③土砂災害（崖くずれや地すべり）

検索　国土交通省　ハザードマップ

キーワード　洪水浸水想定区域図

浸水想定区域、浸水深、浸水継続時間を示したもの。洪水浸水想定区域に指定された市町村は「洪水ハザードマップ」の作成が義務付けられています。

検索　埼玉県　洪水浸水想定区域

複数の避難場所を確保し、避難ルートを確認しておく

「いつ、どこに避難するか」……公共の避難所に加えて、親戚・知人宅なども選択肢に入れてください。目指していた避難所が定員オーバーだったり、道路が寸断されて、たどり着けない場合もあります。避難先の選択肢をできるだけ増やし、安全な避難ルートも確認しておきましょう

P10「どうする?! コロナ下での避難」参照

❷ 正確な情報の入手

リアルタイム情報を確認する

迅速かつ的確な避難行動につなげるため、正確な情報はとても重要です。テレビやラジオだけではなく、パソコンや携帯電話からも情報収集できるよう準備しておきましょう。

P26「正確な情報を入手する」参照

❸ 早めに避難

安全に移動できるうちに避難する

お住まいの市町村から「警戒レベル3」または「警戒レベル4」が発令されたら、速やかに避難してください。また、「避難指示」などが発令されていなくても、危険だと感じたら避難行動を開始してください。安全に移動できるうちに、避難を完了することが重要です。

「氾濫危険情報」や「土砂災害警戒情報」の発令に注意!

河川の氾濫や土砂災害の危険が高まったことを示し、「警戒レベル4」に相当します。直ちに避難行動を始めてください。

P8「警戒レベルと避難指示の発令」参照

もしも、豪雨・冠水の中の移動する場合は…

- 河川や用水路、低い場所には近づかない
- 冠水した道路は、川や側溝と区別がつかず危険。また、マンホールのふたが外れていても見えないので、長い棒で探りながら歩く
- 立体交差のアンダーパスは、水がたまりやすいので通行しない

車での避難は危険

道路冠水などで車が水に浸かった場合、浸水深約30cmを超えるとエンジンが停止し、50cmを超えると車内に閉じ込められたり、車ごと流されるなど非常に危険な状態になります。避難先へは徒歩で移動してください。

土砂災害

豪雨の際は、河川の氾濫に加え土砂災害への注意も必要です。
埼玉県では、「土砂災害警戒区域」として38市町村5,225カ所が指定されています。うち4,595カ所は「土砂災害特別警戒区域」です。「土砂災害＝山間部」ではありません。都市部でも土砂災害は発生するのです。

土砂災害の前兆現象

	土砂災害の前兆現象	備　考
土砂くずれ 崖くずれ	斜面に亀裂が入る	斜面の弱い部分に負荷がかかり、崩れやすくなっていると思われる
	小石がパラパラと落ちてくる	
	崖から音がする	
土石流	山鳴りや立木の裂ける音がする	上流で山くずれが起きているかも。増水した川の水とともに、くずれた土砂が押し寄せてくる危険あり
	石がぶつかる音がする	
	土臭い、焦げ臭い、酸っぱいにおいがする	
地すべり	山腹や地面にひび割れができる	斜面の表層がまるごとすべり落ちる現象が「地すべり」。山間部だけでなく、都市部の斜面でも起こる危険性がある
	斜面や地面から水が噴き出す	
	電柱・樹木・家が傾き、家鳴りがする	

竜　巻

今年8月23日、埼玉県南部に、同30日にも県北部に竜巻注意報が発令されました。下記のような前兆現象があったら、直ちに避難してください。

竜巻の前兆現象

竜巻の前兆現象	備　考
激しい雷雨や雹(ひょう)が降りはじめる	いずれも気圧の急激な変化にともなう現象。すぐに安全な場所に避難を
あたりが急に暗くなり、冷たい風が吹いてくる	
ゴーッとジェット機のような音が聞こえる	
雲の底から地上に向かって、ろうと状の雲が伸びてくる	
気圧の変化で耳に異状を感じる など	

1 屋外にいる時

- コンクリートなどの頑丈な建物に入る。
- 車庫や物置、プレハブ、電柱や外灯、樹木には近寄らない。
- 車に乗ったままは危険。外に出て、より安全なところに避難する。

2 屋内にいる時

- 飛散物で窓ガラスが割れることが多い。雨戸、窓、カーテンを閉める。
- 窓やドアから離れ、建物1階の中心部に移動して身を伏せる。

明治安田生命

ひとに健康を、まちに元気を。

写真提供：埼玉県

自治体への寄付金贈呈

埼玉県をはじめ、連携協定を締結している県内の自治体を中心に、新型コロナウイルス感染症対策や各自治体の地域社会づくりを応援するため、寄付金の贈呈を行なっています。2020年8月と2021年2月に続き、この9月に3回目となる寄付を行なう予定です。

「子ども食堂」への取組み

県内企業さまへのフードBOXの設置・回収、食材の提供、学習支援、イベントの開催・参加等、子ども食堂への取組みを通じて、子どもたちと地域のみなさまをつなぐ活動を行なっています。

「道の駅」での健康増進イベント

道の駅にて、野菜摂取度を測定できるベジチェックや血管年齢測定などの健康増進イベントを開催。健康について見直す機会の創出や、測定会を通じた地元野菜のアピール活動等を行なっています。

地元の元気プロジェクト

明治安田生命埼玉本部では、4年目を迎えた**埼玉県との「包括的連携協定」**に基づき、**「健康増進、子供・青少年育成、産業・観光振興」**など14の分野にわたり、緊密な相互連携と継続的な取組み・協働による県民サービスの向上・地域の活性化に取り組んでいます。

埼玉本部
〒330-0843
さいたま市大宮区吉敷町4-262-16
マルキユービル6階
TEL.048-851-1280(代)

浦和支社
〒330-0063
さいたま市浦和区高砂2-14-18
浦和高砂センタービル5階
TEL.048-829-2745(代)

大宮支社
〒330-0844
さいたま市大宮区下町1-45
松亀センタービル6階
TEL.048-643-0861(代)

川越支社
〒350-1123
川越市脇田本町24-19
明治安田生命川越ビル2階
TEL.049-245-4311(代)

ブランドサイトを公開しました
ひとに健康を、まちに元気を。
明治安田生命の取り組みをご紹介するサイトです。
https://www.meijiyasuda.co.jp/brand/

所沢支社
〒359-0037
所沢市くすのき台3-18-3
第2リングスビル3階
TEL.04-2997-7627(代)

越谷支社
〒340-0015
草加市高砂2-9-2
アコス北館Nビル2階
TEL.048-920-7851(代)

熊谷支社
〒360-0042
熊谷市本町2-93
明治安田生命熊谷ビル2階
TEL.048-523-1321(代)

逃げおくれゼロへ!!

「レベル4」で、必ず避難!!

2021年5月より、水害・土砂災害の防災情報の伝え方が変わりました。
警戒レベル3または4が発令されたら直ちに避難行動を開始してください。

検索　内閣府　防災担当

警戒レベル	新たな避難情報等	発令地域の住民のとるべき行動
5	**緊急安全確保**※1	すでに安全に避難できない状況。命を守るための最善の行動を!!
レベル4までに、全員必ず避難すること!!		
4	**避難指示**※2	速やかに全員避難を！ 公的な避難場所までの道のりが危険な場合は、近くの安全な場所や、自宅内のより安全な場所に避難する。
3	**高齢者等避難**※3	移動に時間のかかる高齢者や障がいを持つ人は、避難を始める。
2	**大雨・洪水・高潮注意報**（気象庁）	ハザードマップ等により、自分の避難行動を確認する。
1	**早期注意情報**（気象庁）	災害への心構えを高める。

※1「警戒レベル5／緊急安全確保」は、市町村が災害の状況を確実に把握できるものではない等の理由から、必ず発令される情報ではありません。
※2「警戒レベル4／避難指示」は、これまでの「避難勧告」のタイミングで発令されることになります。
※3「警戒レベル3／高齢者等避難」は、高齢者以外の人も必要に応じて普段の行動を見合わせたり、危険を感じたら自主的に避難するタイミングです。

Q. 避難情報はどのように伝えられるの?

A. 市町村から避難情報が発令された場合には、**テレビ**や**ラジオ**、**インターネット**などのほか、**防災行政無線**や**広報車**などで伝達されます。

命を守るのは「自分」です。

危険が間近に迫っているときに、自治体や行政が一人一人を助けに行くことはできません。また、自治体等は、あなたの地域の状況を正確に把握しているとは限りません。非常時に必要なのは、「自分の命は自分で守る」という意識です。

積極的に**情報**を集める
→ 早めの避難**準備**を
→ 早めの避難**行動**へ

水害への備え 4つのポイント

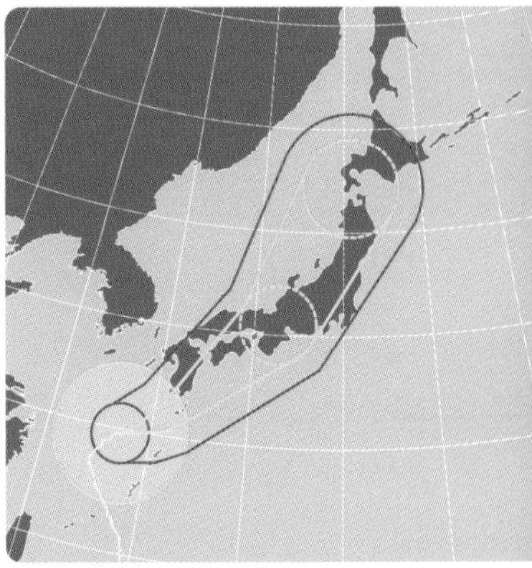

集中豪雨や台風は、数日前から注意報や警報が発令されます。被害を最小限に抑える「4つのポイント」を紹介します。また、「マイ・タイムライン」の作成もとても効果的ですので、ぜひお試しください。

河川氾濫に備える **数日前**

1 家の周りを片付ける

- 窓ガラスや窓枠のがたつきを補強。
- 倒れやすいもの、飛ばされやすいものは家の中に入れるか固定する。(自転車、植木鉢、物干し竿など)
- 側溝や排水溝を掃除し、水はけをよくしておく。

河川氾濫に備える **前日**

2 避難の準備をする

- ハザードマップを確認する。
- 避難先および移動方法やルートの確認(避難所、親戚・知人宅、ホテル等)。
- 非常持出袋や備蓄品をチェックする。
- 窓ガラスを養生テープなどで補強。
- 車のガソリンを満タンにしておく。

河川氾濫に備える **当日**

3 床上・床下浸水に備える

- 窓や雨戸はしっかりカギをかける。
- テレビやラジオ、インターネット等で災害情報を収集する。
- 貴重品や備蓄品(飲料水や食料品)は、2階など高い場所に移動しておく。
- 2階以上で就寝する。
- 感電やショートの危険性があるので、コンセントを抜いておく。

キーワード　マイ・タイムライン

水害の危険性が高まった時にとる「自分自身の行動を、時系列に沿ってあらかじめ整理したもの」です。国交省や埼玉県のHPで、作成方法をわかりやすく説明しており、シートも簡単にダウンロードできます。

検索　マイ・タイムライン

下水道からの逆流に備えて

下水の逆流を防ぐため、便器の中、浴室や洗濯機置場などの排水口を「水のう」でふさいでおきましょう。

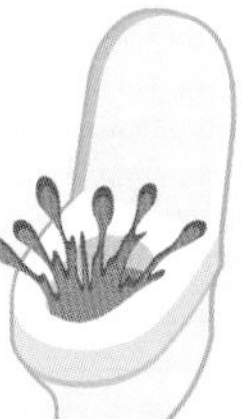

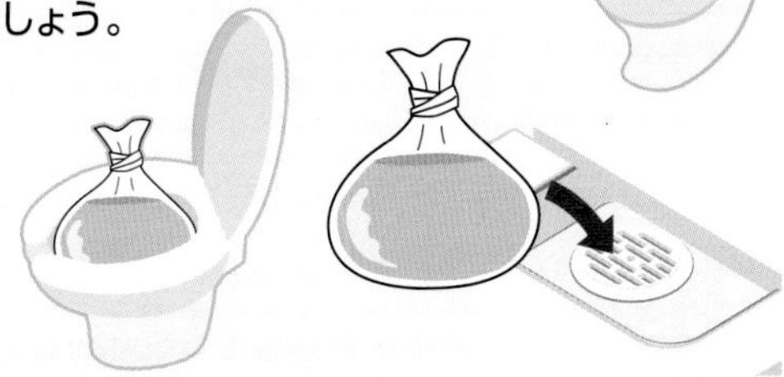

「水のう」の作り方

① 45ℓのゴミ袋を2枚重ねて、中に水を入れる(10ℓ程度)

② 空気を抜くようにねじりながら、口をしっかりしばる。

河川氾濫 **発生**

4 道路の冠水に注意する

- 河川や用水路は増水すると道路と区別がつきにくく危険。様子を見に行くのは厳禁!
- 線路高架下等のアンダーパスには近付かない。
- 対向車や歩行者が見えにくいほどの豪雨の中、車で走行するのは危険。安全な場所でしばらく待機する。
- 車で走行できるのは浸水深10cmくらいまで。マフラーの排気口の高さを超えたらエンジンが停止する。その前にパワーウィンドーを開けて、脱出する準備を。

どうする?! コロナ下での避難

感染リスクを下げる「分散避難」。複数の避難先を確保しておく

大人数が1カ所に集まると感染リスクが高まることから、「分散避難」が求められます。現在、避難所の定員は従来より大幅に減っており、苦労して避難所にたどり着いたとしても入れるとは限りません。親戚・知人宅など、複数の避難先を確保しておくことが重要です。

ただし… **「新型コロナの感染を避けたい」という理由**で、避難所に行くのをためらうのは危険です。他に選択肢がない場合は、迷わず避難所に移動してください。

❶ どこに避難する?　親戚・知人宅なども避難先候補に

選択肢を増やす「分散避難」は、感染リスクを軽減するだけでなく、より安全な移動にもつながります。

まずは… **「洪水ハザードマップ」などで自宅の危険度を調べましょう**

国土交通省
ハザードマップ

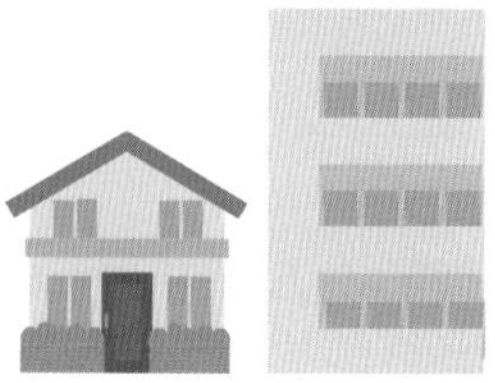

自宅の危険度 低い

→ **自宅で避難**

自宅の危険度 高い

→ 新型コロナウイルスなど感染症の流行状況、自身の体調、避難先の家族構成（高齢者の有無）などを勘案して判断

たとえば
①親戚・知人宅
②ホテル・旅館
③自家用車の車中※
④避難所

④避難所以外に選択肢がない場合 → **避難所へ移動**

※避難所の駐車場など安全な場所に駐車できる場合

❷ 自宅避難の注意点は？　安全の確保と備蓄品の準備を

電気・ガス・水道などのライフラインが途絶えても、「レベル3／高齢者等避難」あるいは「レベル4／避難指示」が発令されておらず、家屋の倒壊の危険がない場合は、避難所に向かわず自宅で復旧を待つ方が良いとされています。

垂直避難

2階以上へ避難を。
土砂災害の危険性がある場合は、山側と反対の部屋に避難する。

備蓄品を準備

P22「備蓄品を準備しておく」参照

飲料水や食料品、簡易トイレ、非常持出品等を2階以上に運んでおく。

情報収集の手段を確保

テレビ、ラジオ、パソコン、携帯電話、充電器などを準備しておく。

P26「正確な情報を入手する」参照

浸水する前に2階に移動する

室内が浸水すると浮力で家具が動き、階段をふさぐケースが多発しています。2階以上に移動して就寝したり、浸水する前に移動することが極めて重要です。

❸ 自宅以外へ避難する場合の注意点

歩いて避難が基本です

車での移動は、渋滞に巻き込まれたり、冠水により走行不能になるなどの危険があります。高齢者や妊産婦、乳幼児がいて車を使う必要がある場合は、道路が冠水する前、明るいうちになど、早めに避難を開始してください。

歩くのが困難な状況では、自宅にとどまる

くるぶし以上の冠水の場合は、水圧でマンホールのふたがはずれていても分からない、道路と側溝の見分けがつかないなど、非常に危険です。移動中に亡くなる例が少なくありません。無理な移動はやめ、自宅で救助を待ちましょう。

ガスの元栓を閉め、電気のブレーカーを落とす

ガス漏れや漏電火災・通電火災を防ぐため、ガスの元栓を閉め、電気のブレーカーを落として避難所等へ移動しましょう。

避難所にない物を持っていく

避難所には大抵の場合、飲料水や食料、トイレ等は揃っています。日頃から「自分や家族にとって必要なものは何か」を考え、いざという時にすぐに持ち出せるように準備しておきましょう。
特に服用している薬や、アレルギー対応の食物などは、一日でも欠かすと命や健康を損なう恐れがあります。必ず持参してください。

●普段必要としているもの

	服用している薬
	処方せん・おくすり手帳
	アレルギー対応の食物
	メガネ・コンタクトレンズ
	入れ歯・補聴器（電池も）
	生理用品

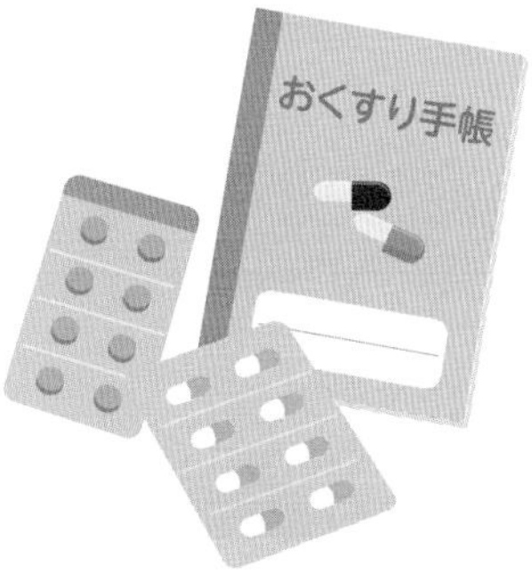

避難時の服装

- 必要に応じて、マスクを着用してください。
- 傘は危険です。雨具はカッパを着用してください。

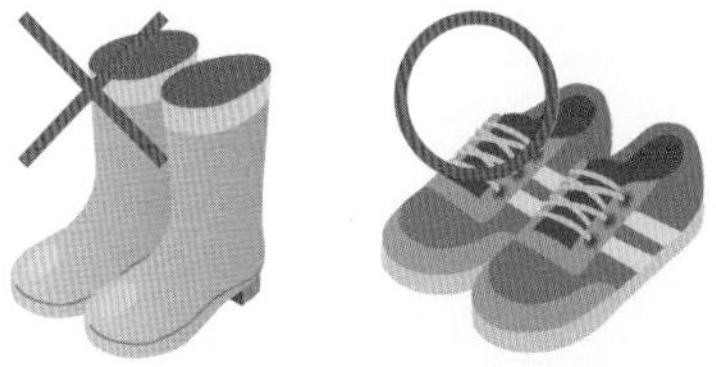

- 長靴は水が入ると重く歩きづらくなります。スニーカータイプの脱げにくい運動靴で移動しましょう。

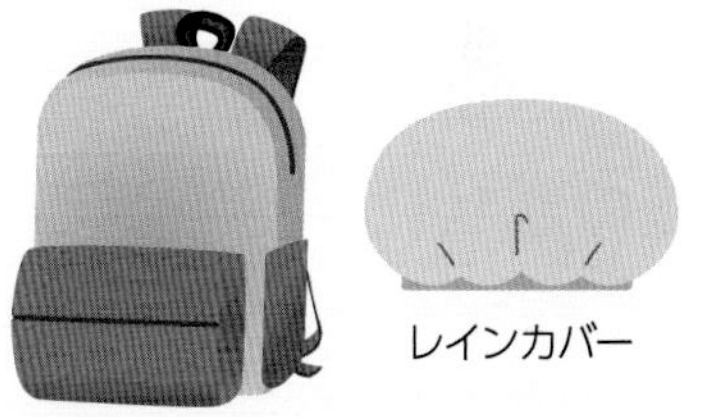

- 非常持出品をリュックなどに入れ、取り出しやすい場所（玄関収納など）に準備しておきましょう。
- 動きやすいリュックの重さは、男性で15kg、女性で10kg程度が目安です。
- 雨が染み込むと荷物が重くなり、中の衣類や電気製品が使えなくなります。中身は密閉袋に小分けして、リュックにはレインカバーをかけましょう。

●乳児がいる場合

	粉ミルク・液体ミルク
	哺乳びん
	離乳食
	紙おむつ・おしりふき
	おぶいひも

●要介護者がいる場合

	障害者手帳
	服用している薬
	処方せん・おくすり手帳
	紙おむつ
	補助具など

●新型コロナ感染対策

	マスク
	アルコール消毒液
	ウエットティッシュ
	歯ブラシ（マウスウォッシュ）
	ビニール手袋

巨大地震で起こること

マグニチュード7クラスの首都直下地震が起こる確率

今後30年以内に **70%**

マグニチュード7クラスの「首都直下地震」が、今後30年以内に発生する確率は70%以上と想定されています。また、「東京湾北部地震」では、埼玉県南東部の11市区に震度6強の揺れが発生するといわれています。
（最新の埼玉県地震被害想定調査結果）

被害予測 | 地盤の液状化

表層地盤の砂層の状況や地下水位を考慮して、液状化の可能性を予測しました。液状化しやすい場所は、揺れがそれほど大きくなくても警戒が必要です。

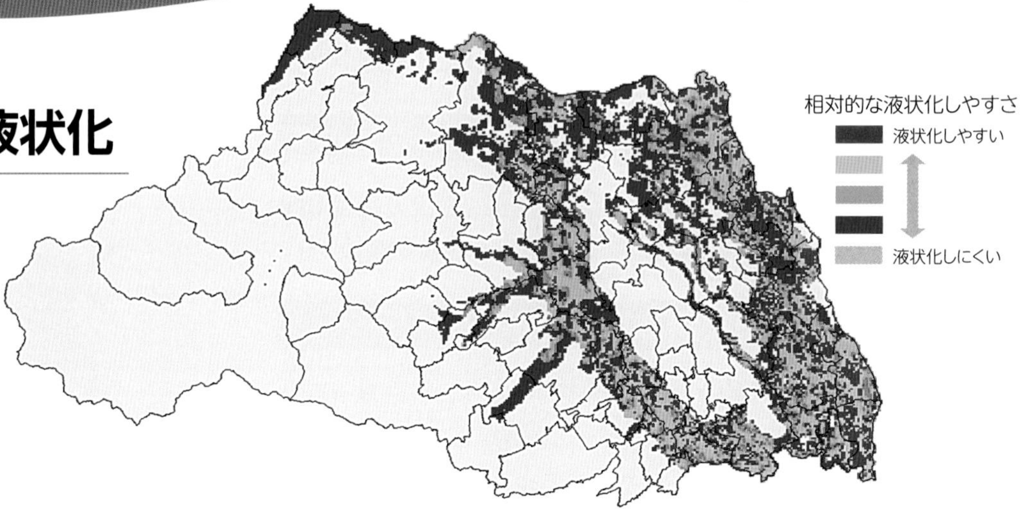

地盤の液状化

川が運んだ土砂が堆積してできた「砂地盤」等は、地震の激しい揺れにより、まるで液体のように一時的にやわらかくなり建物等を支える力を失います。この現象を「液状化」といいます。

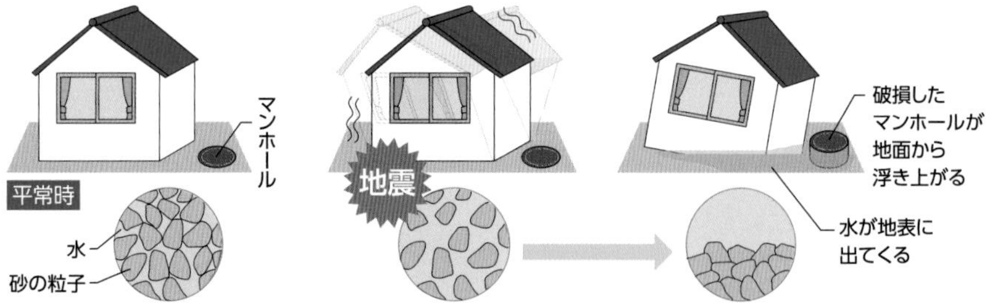

砂地盤が激しく揺さぶられることで、砂のかたまりがバラバラになり、水に浮いた状態になる。

その後、砂の粒子が沈み、地表に水が出てくる。

被害予測 | 建造物の倒壊

揺れ、液状化による木造建物と非木造建物の全壊棟数・半壊棟数を予測しました。揺れによる被害は、震度と建物構造・建築年代に応じた被害率との関係を用いて予測。液状化による被害は、液状化の可能性の大きさから被害率を推定し、予測しました。

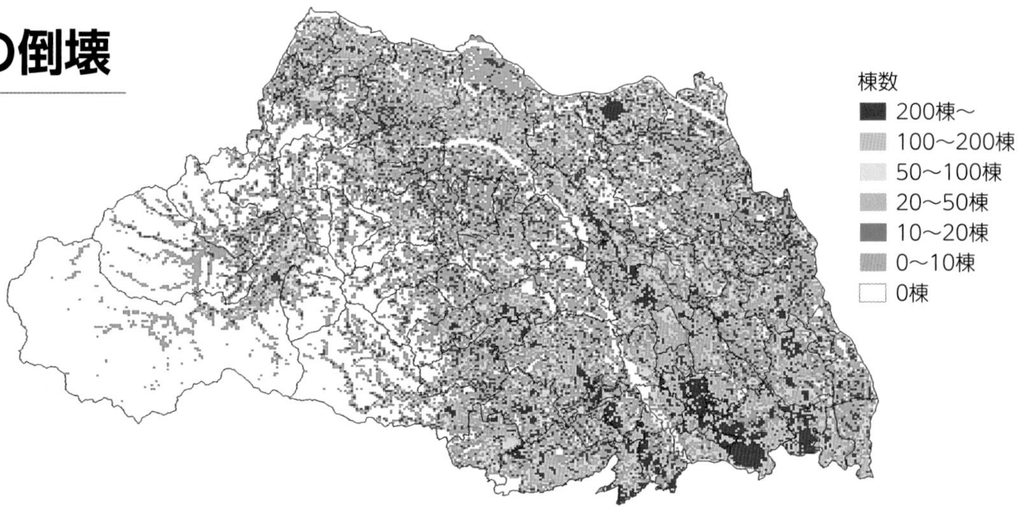

被害予測 | # 最大震度・人的被害

（埼玉県提供資料を基に埼玉新聞社が作成）

表の見方

最大震度予測　最大震度の原因と考えられる地震

6弱〔東〕〔茨〕〔元〕〔関(北)〕

断層帯の破壊開始地点（想定）　※右の図参照

地震の略称
〔関〕関東平野北西縁断層帯地震
〔東〕東京湾北部地震　〔茨〕茨城県南部地震
〔元〕元禄型関東地震　〔立〕立川断層帯地震

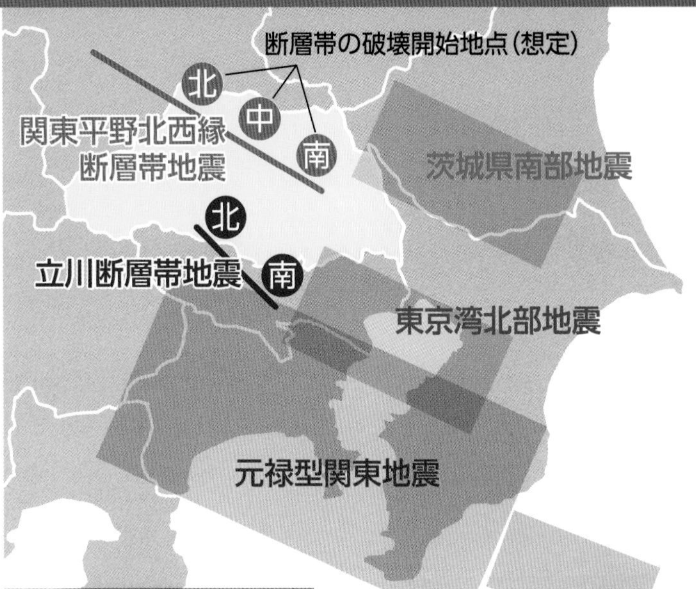

想定地震の断層位置図

いくつかの仮説を積み重ねて算定した被害予測につき、想定した地震と同じ地震が必ず起こるとは限りません。また、各市区町村の被害が算定通りにならないこともあります。

市区町村	最大震度予測	人的被害予想（人） 死者数	負傷者数
さいたま市 西区	7　〔関〕	72	593
さいたま市 北区	7　〔関〕	32	340
さいたま市 大宮区	6強〔関〕	13	202
さいたま市 見沼区	6強〔関〕	11	200
さいたま市 中央区	6強〔関〕	7	106
さいたま市 桜区	6強〔関〕	13	221
さいたま市 浦和区	6強〔関〕	2	63
さいたま市 南区	6強〔東〕	18	282
さいたま市 緑区	6強〔関〕	2	48
さいたま市 岩槻区	6強〔関〕	6	152
川越市	7　〔関〕	215	1,697
熊谷市	7　〔関〕	284	1,953
川口市	6強〔東〕	288	2,838
行田市	7　〔関(中)〕	180	1,113
秩父市	6強〔関(北)〕	1	21
所沢市	6強〔立〕	65	857
飯能市	6強〔立(北)〕	8	174
加須市	6強〔関〕	30	509
本庄市	7　〔関〕	369	1,629
東松山市	7　〔関〕	293	1,446
春日部市	6強〔茨〕〔関(北)(南)〕	54	661
狭山市	6弱〔関〕〔立〕	10	304
羽生市	6強〔関(中)(南)〕	56	1,138
鴻巣市	7　〔関〕	415	2,163
深谷市	7　〔関(北)〕	342	1,393
上尾市	7　〔関〕	320	1,852
草加市	6強〔東〕	68	990
越谷市	6強〔東〕〔茨〕	57	798
蕨市	6強〔東〕	26	219
戸田市	6強〔東〕	64	451
入間市	6強〔立〕	53	641
朝霞市	6強〔東〕	9	249
志木市	6強〔関(中)〕〔立(北)〕	7	115
和光市	6強〔東〕	9	161
新座市	6弱〔東〕〔関〕〔立〕	3	131
桶川市	7　〔関〕	194	1,123

市区町村	最大震度予測	人的被害予想（人） 死者数	負傷者数
久喜市	7　〔関(南)〕	28	403
北本市	7　〔関〕	407	1,727
八潮市	6強〔東〕	36	548
富士見市	6強〔東〕〔関〕〔立(北)〕	8	209
三郷市	6強〔東〕	42	402
蓮田市	6強〔関〕	48	449
坂戸市	7　〔関〕	68	701
幸手市	6強〔茨〕	3	84
鶴ヶ島市	6強〔関〕	11	194
日高市	6弱〔関〕〔立〕	3	87
吉川市	6弱〔東〕〔茨〕〔元〕〔関(北)〕	2	50
ふじみ野市	6強〔関〕	18	306
白岡市	6強〔関〕	7	124
伊奈町	7　〔関(北)(南)〕	43	353
三芳町	6弱〔東〕〔関〕〔立〕	1	37
毛呂山町	6強〔関〕	15	210
越生町	6強〔関〕	8	91
滑川町	6強〔関〕	27	178
嵐山町	6強〔関〕	71	424
小川町	7　〔関(中)(南)〕	36	224
川島町	7　〔関〕	180	748
吉見町	7　〔関〕	111	432
鳩山町	6強〔関〕	10	84
ときがわ町	6強〔関〕	9	86
横瀬町	5強〔関〕〔立〕	0	2
皆野町	6強〔関〕	3	48
長瀞町	6強〔関(中)〕	6	82
小鹿野町	6弱〔関〕	0	3
東秩父村	6強〔関〕	1	12
美里町	7　〔関〕	135	526
神川町	7　〔関(北)〕	25	155
上里町	6強〔関〕	36	280
寄居町	7　〔関〕	159	621
宮代町	6弱〔茨〕〔関〕	1	51
杉戸町	6強〔茨〕〔関(中)〕	4	80
松伏町	6強〔茨〕	4	65

地震発生！その時、どうする?!

地震発生！

時間の流れ

状況とタイミングを見極めて、その時、最適な行動を！

大きな地震が発生した時に、冷静に対処するのは難しいかもしれません。しかし、一瞬の判断・行動が生死を分けることがあるのです。「その時」に慌てないよう、適切な行動パターンを覚えておきましょう。

1 まずは身の安全を確保する

- 大きな揺れを感じたら、テーブル等の下に入り、落下物から体を守ります。
- 近くにテーブルなどがない場合は、座布団やバッグなど手近なもので頭を保護します。
- 転倒しないように、手すりや柱につかまります。何もない場合は床によつんばいの姿勢に。

2 揺れが収まってから、火の始末をする

- 揺れが大きい場合は無理に動かず、揺れが収まってから火を消し、ガスの元栓を閉めます。
- 火災になりかけていたら、落ち着いて消火器などで初期消火を。大声を出して周囲に助けを求めます。

3 出口を確保する

- 揺れにより建物がゆがむと脱出できなくなるので、ドアや窓を開けて出口を確保。ドアストッパー等を挟み、閉じないようにします。

4 あわてて外に出ない

- 窓ガラスや屋根瓦などが上から落ちてくることがあるので、慌てて外に飛び出さないようにします。
- 火が消えたことを確認し、出口を確保したら、テレビやラジオなどで情報収集します。

5 落ち着いて、外へ避難する

- 建物が倒壊する危険がある場合は、屋外に避難します。
- 通電火災を防ぐため、必ず電気のブレーカーを落とします。

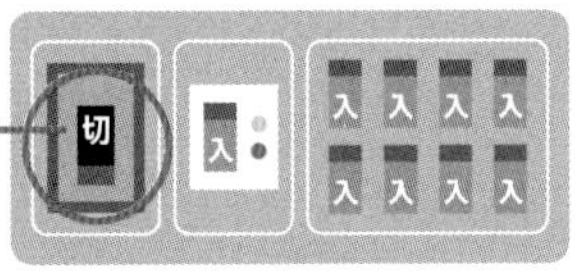

レバーを「切」にする

キーワード 通電火災

災害で停電した状態から電気が復旧した際に、損傷した電気製品やコードなどがショートして起こる火災のこと。あらかじめブレーカーを落としておくことで、未然に防ぐことができます。

屋外にいたら

- ブロック塀や電柱、自動販売機など倒れやすいものから離れ、ガラス片や壁材など、建物からの落下物に注意します。
- バッグなどで頭を保護しながら、安全な広場などに避難します。

電車の中にいたら

- 急ブレーキに備えて、手すりやつり革につかまります。乗客の将棋倒しや、網棚の荷物の落下に注意します。
- 停車した電車の外に勝手に出るのは厳禁！ 乗務員のアナウンスに従います。

車を運転中だったら

- 急ブレーキ・急ハンドルは危険。徐々にスピードを落として道路の左端に停車します。
- 車をその場に残し、歩いて避難する場合は、車のキーは付けたままにします。
- 車内に連絡先を書いた紙を残し、車検証など重要書類は持って避難します。

大型店舗の中にいたら

- 陳列された商品の落下や棚の転倒に注意し、バッグなどで頭を保護します。
- エスカレーターでは手すりにつかまり、急停止に備えます。
- アナウンスや係員の指示に従い、エレベーターは使わず、階段で避難します。

エレベーターの中にいたら

- すべての階のボタンを押して、最初に止まったフロアで降り、階段で避難します。
- 閉じ込められた場合は、非常ボタンを押して外部に救助を求めます。
- 停電の場合でも非常灯がつくので、落ち着いて救助を待ちましょう。

就寝中の場合は

- 布団や枕で身体を守り、揺れが収まるのを待ちます。
- 倒れた家具や割れたガラスに注意して、出口に移動します。
- 建物が倒壊するおそれがある場合は、屋外に避難します。

枕元に備えよう

就寝中に地震が発生した場合に備えて、家族それぞれが枕元に備えておきたいもの。ひとつにまとめて、停電時の暗闇でもすぐ手にとれるところに置いておきましょう。

携帯電話
充電器も一緒に

懐中電灯
夜間に停電した場合に備えて

スニーカー
ガラス等が散乱した家から脱出するため

ホイッスル
身動きがとれないとき、外部に助けを求めるため

●ホイッスル／救助を求める際は、長く「ピ――――」と吹くと、風の音と間違えられることがあります。「ピ、ピ、ピ、ピ、ピ、」と短く連続して吹くのが、気づいてもらいやすい吹き方です。

おとなから伝えたい
子どもたちを守るために

保護者のみなさんへ

お子さんが、おとなと一緒でないときに地震が起きる場合もあります。そんなときにはどうすればいいか、このページを見ながらお子さんにお話ししてください。

学校にいたら

先生のいうこと、校内放送をよくきく
にげるとき、まわりのひとをおさない

- 教室など／つくえの下にもぐり、つくえの足をしっかりにぎる。ピアノ、大きなたな、本だなからはなれる。
- ろうか・階段／げたばこやロッカーからはなれ、近くの教室のつくえの下にもぐる。
- 屋上／屋上のまんなかにあつまる。
- 校庭／たてものやブロックべいからはなれ、校庭のまんなかにあつまる。

登下校中など、家のそとにいたら

たおれるもの、おちてくるものに ちゅうい

- ブロックべい、自動販売機、電柱などに近づかない。
- かばんを頭にのせ、上からおちてくるもの（お店のかんばん、まどガラス、やねがわらなど）から身をまもる。
- きれた電線には、ぜったいにさわらない。

マンションや大きなお店にいたら

エレベーターなどはダメ　階段でにげる

- お店では、たなからはなれて、おちてくるものにちゅういする。
- 店内放送や、お店のひとのいうことをよくきいて、ひなんする。
- エレベーター、エスカレーターはつかわずに、階段でひなんする。

いざというとき命を守る

応急手当を知っておこう

突然の災害では、倒れている人がいても、すぐに救急車が来てくれるとは限りません。いざという時のために、応急手当の方法を覚えておきましょう。

もしも、倒れている人がいたら…

あなたは、119番してください

あなたは、AEDを持ってきてください

呼びかけても反応がない場合

※「だれか助けてください」ではなく、「そこのあなた、○○してください」と指名し、具体的に助けを求めるとよい

周囲の人に助けを求める

↓

呼吸を確認する

呼吸を
していない　している →

「回復体位」で寝かせ救急隊を待つ

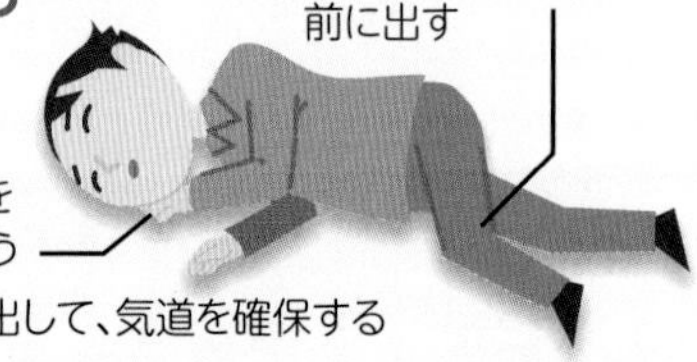

①横向きに寝かせ、上の足のひざを曲げて前に出す
②上になった手をアゴにあてがう
③下アゴを前に出して、気道を確保する

↓

AEDが
ない　ある → **AEDを優先的に使います**

↓

胸骨圧迫

①傷病者の横に両ひざ立ちになる
②胸の真ん中に片方の手の付け根を置き、もう片方の手を重ねる
③ひじを伸ばし、胸が少なくとも5cm沈み込むよう圧迫する

胸が5cm以上沈み込むように圧迫する

1分間に100回の速さで　連続30回圧迫

↓くり返す↑　胸骨圧迫30回 ＋ 人工呼吸2回 を1セットとしてAEDまたは救急隊が到着するまで、くり返し行います

人工呼吸

※人工呼吸がためらわれる場合は、胸骨圧迫のみ行います
※出血や傷がある場合、感染防護具があれば使用します

①気道確保
傷病者の額に片方の手のひらを、もう片方の指先をあご先にあてて持ち上げ、頭を後ろに反らす。

②息を吹き込む
①の状態で傷病者の鼻をつまみ、口を大きく開けて傷病者の口を覆い、約1秒かけて息を吹き込む。(胸の上がりが見えるくらい)

キーワード　AED(自動体外式除細動器)

心臓がけいれん状態になった場合に電気ショックを与えて、けいれんを取り除くための医療器具です。

- 医療関係者でなくても、初めてでも、音声ガイドに従って操作できます。
- 電気ショックの必要性は機器が判断し、必要ない場合は電気は流れません。

検索　埼玉県　AED設置場所

命を守る3つの自助

「自分の命や安全は自分で守る」心構えが重要です

「災害対応は、日頃行っていることしかできない」といわれており、日常的な心構えや備えが大きな効果を発揮します。地震対策をしておくと、洪水、断水、停電などの際にも応用できるメリットもあります。

命を守る3つの自助

❶ 家の中を安全に（家具の転倒を防ぐ）

首都直下地震では、家屋の損傷や家具が倒れることにより、多くの被害が出ると予測されています（☞P13参照）。こうした被害を少しでも減らすために、ふだんから家の安全対策をしておきましょう。

※首都直下地震と被害イメージが近い「阪神・淡路大震災」では、死者数は6,434人におよび、その80％以上が家屋の倒壊や家具等による圧迫が原因でした。

1 背の高い家具を固定する

- 地震の揺れで倒れないように、転倒防止器具などで固定します。

家具転倒防止グッズの効果　家具類の転倒・落下・移動防止対策ハンドブック（東京消防庁）より抜粋

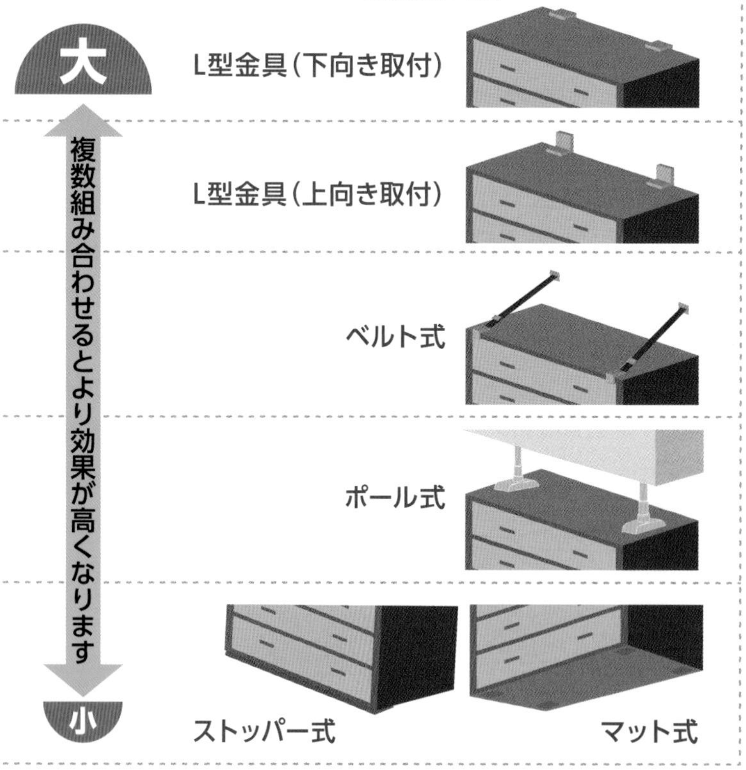

- 家具は、もし倒れても出入口をふさがないように、また寝ている場所に倒れないように配置しましょう。

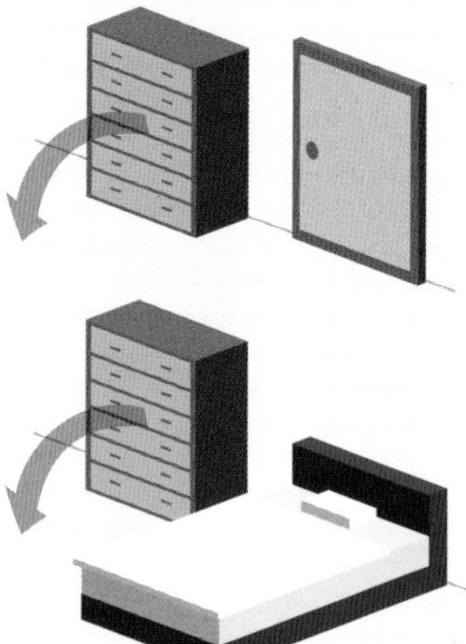

- 段ボール箱などで家具と天井の間を埋めると、家具が倒れにくくなります。（万一の転倒・落下に備えて、箱の中には何も入れない）

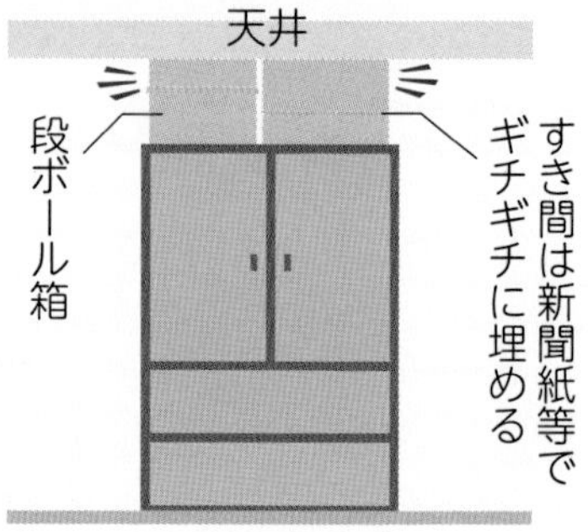

キーワード　埼玉県家具固定サポーター

埼玉県が実施する家具の固定を専門家に依頼できる制度です。県内全世帯が対象で、相談・見積もり無料。施工した場合は有料となります。

検索　埼玉県　家具固定

2 物の落下を防止する

- 高い家具の上にものは置かないようにしましょう。
- 棚は下のほうに重いものを収納、上のほうには軽いものを、あるいは何も入れないようにしましょう。
- 吊るすタイプの照明器具は、ワイヤーで天井に固定するか、天井に直付けするタイプに交換しましょう。

3 置き型の家具・家電を固定する

- テレビは倒れないように、専用のベルトなどで台と固定しましょう。
- 家電等の下にすべり止め粘着シートを敷き、飛び出しにくくしましょう。

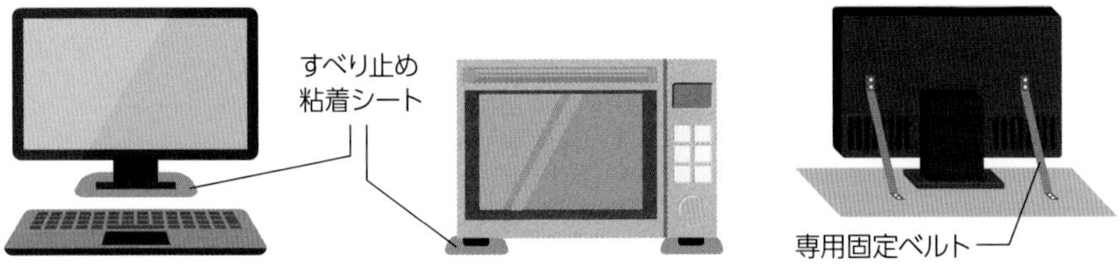

4 ガラスの飛散を防ぐ

- 食器棚等のガラス扉が揺れで開かないように、セーフティロックを付けておきましょう。
- ガラスが割れた場合に備えて、飛散防止フィルムを貼っておきましょう。
- 窓は就寝時はもちろん、昼間でもレースのカーテンがあると、ガラスが飛び散りにくくなります。

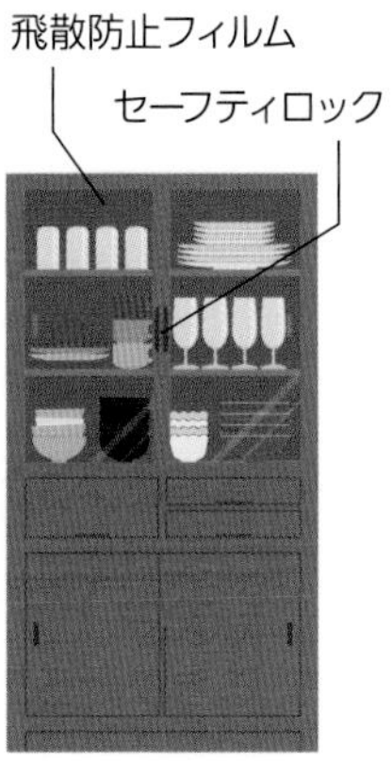

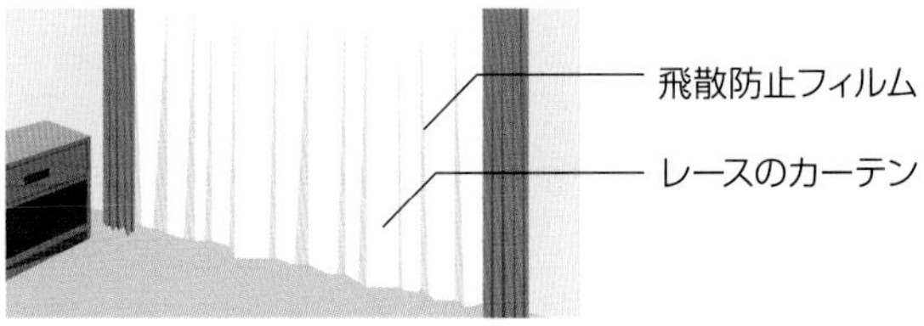

家の安全性アップ！「減災大そうじ」のススメ

地震発生時、倒れた家具が人の命を奪うことがあります。また、床上浸水の際にも、水にプカプカ浮いた家具や物品にさまたげられて、ドアが開かなくなった例も。家の中の不用品を処分することで、災害時の被害を減らし、より安全な住まいにすることができます。

❶ 廊下、出入口付近、玄関などにものが多いと、避難のさまたげになり危険

❷ 避難動線上にはものを置かず、額縁等の落下・破損しそうなものも飾らない

❸ 不用品を処分することで、収納家具・用品そのものを減らすことができる

❹ 押入れ・納戸の不用品を処分すると、部屋のものが収納でき安全性が高まる

❷ 災害時の連絡方法を確認

❶ 避難場所を、お互いに確認

検索 埼玉県 避難場所

災害の時にどこに避難すればいいか、知っていますか？「避難場所はどこ？」と聞くと、お父さんは「○○中学校だよね」、お母さんは「○○小学校でしょ」と、異なる場所を答える家族が多いようです。「住んでいる地域の避難場所」と「職場がある地域の避難場所」を確認しておきましょう。

決められた「避難場所」はどこ？
住んでいる地域 ／ 職場がある地域

「避難場所」までの
道のり・所要時間は？

道のりに危険な箇所はある？
古い建物・大きな看板・自動販売機
ガラス張りのビル・河川・用水路・橋
土砂災害危険箇所・ブロック塀 など

家族で確認しあい、記入しておきましょう

住んでいる地域の避難場所

職場がある地域の避難場所

避難場所まで実際に歩いてみるのがおすすめです

できれば、危険でない雨の日に歩いてみましょう

❷ 連絡方法を、お互いに確認

災害発生直後は、電話がつながりにくくなります。家族が離れている場合を想定して、万一の時の避難先や連絡方法をあらかじめ決めておきましょう。

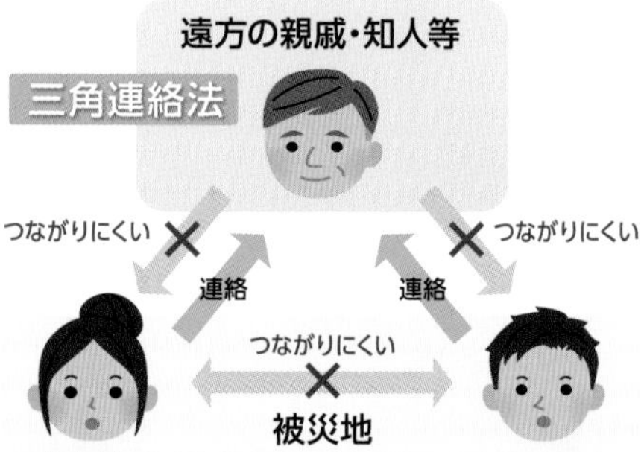

三角連絡法がおすすめ 災害時は、被災地域への電話、あるいは被災地域内同士の電話がつながりにくくなります。ですが、それ以外の地域への発信は比較的つながりやすいので、遠方の親戚や知人などを経由して連絡する「三角連絡法」が有効です。

家族で話し合い、記入しておきましょう。 家族それぞれがこのようなメモを常に持ち歩くと安心です。

自宅が壊れていたら、どこに集合する？ 〔例〕指定避難所の○○公民館へ行く など	
行き先のメモはどこに残す？ 〔例〕自宅玄関ドアの内側に貼っておく など	
安否をどうやって伝える？ 〔例〕災害用伝言サービスを使う など	
だれに伝言を頼む？ 〔例〕大阪のおじさん宅に連絡する など	

❸ 災害時の安否確認方法

電話がつながりにくい災害発生直後でも、家族や知人の安否確認ができる「災害時伝言サービス」。以下の3種類の方法がありますので、複数使えるようにしておくと安心です。

1 固定電話・公衆電話・携帯電話から 災害用伝言ダイヤル171

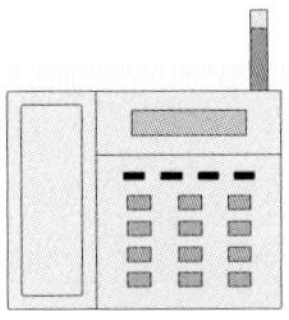

自分のことを知らせたい

❶ 1 7 1 をダイヤル
❷ 音声ガイダンス ➡ 1 をダイヤル
❸ 自宅の電話番号をダイヤル
❹ メッセージを録音する（30秒まで）

相手のことを知りたい

❶ 1 7 1 をダイヤル
❷ 音声ガイダンス ➡ 2 をダイヤル
❸ 相手の電話番号をダイヤル
❹ メッセージが再生されます

●電話番号1件あたり、メッセージを20件まで保管できます

使ってみよう 災害用伝言ダイヤル171体験利用

●毎月1日、15日　●正月3が日
●防災とボランティア週間／毎年 1月15日(9:00)～21日(17:00)
●防災週間／毎年 8月30日(9:00)～9月5日(17:00)

伝言保存期間：体験利用期間終了まで　伝言蓄積数：電話番号1件あたり、伝言20件まで

2 スマートフォン・携帯電話から 災害用伝言版

▶公式メニューや専用アプリから「災害用伝言版」を選ぶ

自分のことを知らせたい

❶「登録」を選択する
❷ 自分の状態を選ぶ
（無事です、被害がありますなど）
❸ コメントを100文字まで入力できる
❹「登録」を押して完了

相手のことを知りたい

❶「確認」を選択する
❷ 相手の携帯電話番号を入力する
❸ 登録されたメッセージを閲覧する

3 インターネットから 災害用伝言版 web171

▶インターネットから「災害用伝言版web171」にアクセスする

自分のことを知らせたい

❶ 自分の電話番号を入力
❷ 伝言を入力して「登録」をクリック

相手のことを知りたい

❶ 相手の電話番号を入力
❷「確認」をクリックして伝言を閲覧
❸ 伝言に返信する場合、必要事項を入力して「伝言の登録」をクリック

電話（音声）で安否確認ができる

災害用伝言ダイヤル

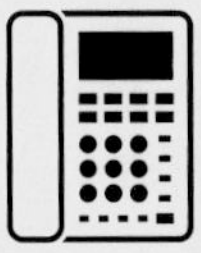

171 災害用伝言ダイヤル

は被災地の皆さまの安否を伝える声の伝言板です。

提供開始や録音件数など、提供条件についてはテレビ・ラジオ、NTT東日本公式ホームページなどでお知らせします。

ご利用方法

1 7 1 をダイヤル

録音は	再生は
1	2

被災地の方の電話番号を入力
※市外局番からダイヤルしてください

◎NTT東日本・NTT西日本の電話から伝言を録音・再生する場合の通話料は無料です。その他の事業者の電話、携帯電話やPHSから発信する場合の通話料の有無等については各事業者にお問い合わせください。なお、伝言の録音・再生に伴うサービス料は、無料です。
詳しくはホームページをご覧ください。
http://www.ntt-east.co.jp/saigai/voice171/

伝言情報（テキスト）の登録・確認ができる
災害用伝言板 web171

web171 災害用伝言板

web171 検索

http://www.ntt-east.co.jp/saigai/web171/

◎インターネット接続費用や通信料などはお客さま負担です。

お問い合わせは、局番なしの「116」へ
NTT東日本 埼玉事業部

NTT東日本

命を守る3つの自助

❸ 備蓄品（最低3日分 できれば7日分）を準備しておく

災害でライフラインが途絶え、支援物資が届くまで日にちがかかることを想定して、最低3日分（できれば7日分）の水や食料、生活必需品を備えておきましょう。

キーワード　ローリングストック法

保存性のよい食料品を多めに買い置きし、消費した分を買い足す備蓄方法です。食べ慣れた食品を常に新しくストックできるメリットがあります。

- いろいろな食品を食べて好みの味を探すなど、家族で楽しめる習慣にしましょう。
- 月に1回程度、品揃えや消費期限をチェックしましょう。

重要　飲料水

家族人数 × 3日分（できれば7日分）

飲料水は、1人あたり1日3ℓ必要です。市販のペットボトル入りの飲料水を7日分用意しておくと安心です。
家族人数分の数量を計算して備蓄してください。（ここでは多めの7日分を想定しています）

1人あたり1日の必要量 3ℓ × 家族の人数［　　　人］ × 7日分 ＝ 備蓄必要量［　　　ℓ］

〔例〕4人家族なら、3ℓ×4人×7日分で、84ℓが必要となります。

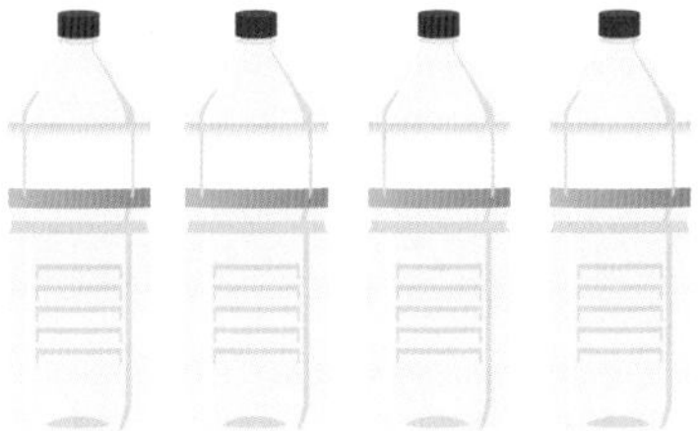

重要　携帯トイレ（簡易トイレ）

家族人数 × 3日分（できれば7日分）

水道・下水が使えない状態で自宅避難する場合、最も苦労するのがトイレ。市販の携帯トイレまたは簡易トイレが必需品となります。家族が7日間使える枚数を用意しましょう。（ここでは多めの7日分を想定しています）

1人あたり1日の使用目安 約5回 × 家族の人数［　　　人］ × 7日分 ＝ 備蓄必要量［約　　　枚］

〔例〕4人家族なら、約5回×4人×7日分で、約140枚が必要となります。

携帯トイレ

断水などで使えなくなった便器などに、し尿をためる袋を設置して使います。吸水シートや粉末状の凝固剤が入ったタイプなどがあります。

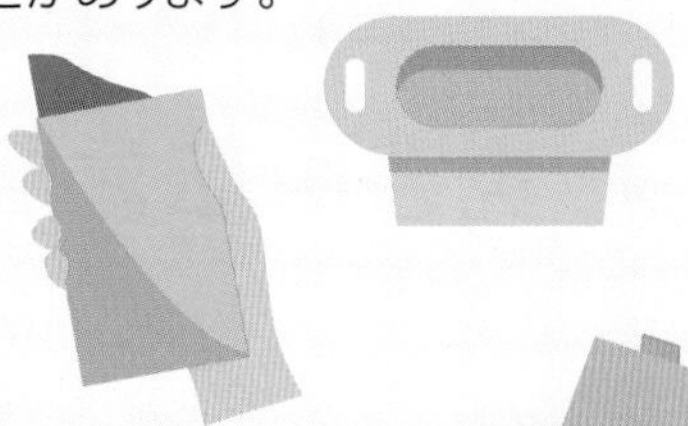

簡易トイレ

段ボール製などで手軽に持ち運び、組み立てができます。

参考　節約型の備蓄量例

※吸収量とのかねあいがあります

大便…1人1日1回（1回ごとに交換）
小便…1人1日4回（3回使用ごとに交換）

家族4人	大便用　1枚×4人×7日＝28枚	合計65枚必要
	小便用　4枚×4人×7日÷3＝37枚	

重要 食料品 家族人数 × 3日分(できれば7日分)

食料品は、火や水がなくても食べられる非常食のほか、ふだん食べ慣れている食品等もあわせて、最低3日分(できれば7日分)用意しておきましょう。備蓄方法は「ローリングストック法(左ページ)」がおすすめです。

(左ページ)

⬇ チェックしながらそろえていきましょう

✔	食　品	備　考
	レトルトごはん・おかゆ	手軽で便利な主食。おかゆは食欲がない時にも
	無洗米	米を洗うための水を節約できる
	レトルト調味料	カレー、パスタソース・牛丼等、野菜や肉もとれる
	乾麺・即席麺	うどん、そば、そうめん、パスタ、袋麺、カップ麺等
	缶詰	ツナ、コンビーフ、焼き鳥、魚介、煮豆、果物等
	乾パン・クラッカー・ビスケット	調理なしで食べられて便利
	即席スープ・みそ汁	お湯だけで食べられて便利
	チーズ・プロテインバー	タンパク質を手軽に摂取できる
	乾物	削り節、高野豆腐、味付け海苔、カットわかめ等
	ナッツ・ドライフルーツ	不足しがちなミネラル類、食物繊維がとれる
	菓子(チョコレート、あめなど)	日常と同じ甘いものは、心の安定に役立つ
	野菜ジュース・果物ジュース	冷蔵庫が使えないので、飲みきれるパックや缶、ペットボトル等で用意しておく
	お茶・コーヒー等のドリンク	
	健康飲料粉末・サプリメント	不足しがちなビタミンやミネラル類がとれる
	野菜・果物(常温保存できるもの)	いも類、大根、にんじん、りんご、柑橘類、バナナ等
	調味料	塩、胡椒、砂糖、醤油、麺つゆ、ソース、マヨネーズ等

食事は大切な元気のもと！

身体と心を元気に保つためにも、
災害用非常食だけでなく、食べ慣れた食品、
好物や嗜好品等も備蓄に加えることをおすすめします。

停電時の避難生活では… 冷蔵庫の中の食品から食べましょう

1〜3日め

先に、冷蔵庫の中の肉や魚など、傷みやすい物から食べる

4〜7日め

「ローリングストック法」で備蓄した食料品を食べる

重要 生活必需品

家族人数 × 3日分（できれば7日分）

電気、ガス、水道の途絶えた自宅で3～7日間程度過ごすことを想定して、必要なものを揃えておきましょう。
ここに挙げた基本的なもののほかに、各家庭ごとに必要なものを家族で話し合い、準備しましょう。

↓ チェックしながらそろえていきましょう

✔	衛生用品・薬品	備考
	除菌ウェットティッシュ	水洗いをまめにできない場合もあるので、多めに揃えておき、感染症やホコリ、花粉などを防ぐ
	アルコールスプレー	
	使い捨てマスク	
	口内洗浄液	避難生活で、口腔衛生を保つことはとても重要。誤嚥性肺炎の予防にもつながる
	入れ歯洗浄剤	
	水なし歯みがきシート	
	処方せん薬・常備薬	医師・薬剤師に相談のこと
	トイレットペーパー	災害などの非常時には品不足になることもあるので、いずれも日常使いのものを、常に多めに備蓄しておきたい
	ティッシュペーパー	
	ウェットボディタオル	
	生理用品	
	基礎化粧品	
	使い捨てコンタクトレンズ	
	使い捨てカイロ	

✔	生活用品	備考
	カセットコンロ	ガスボンベは、1本につき約65分使用可能
	カセットガスボンベ	
	ラップ	調理用、食事用のほか、包帯や手袋がわりなど、さまざまに応用できる
	ポリ袋	
	アルミホイル	
	ビニール手袋・軍手	感染症・ケガ予防のため
	ライター	柄が長いタイプが便利
	布製ガムテープ	貼り付けてメモの代わりにも
	文房具	ノート、油性ペン、カッター等
	新聞紙	朝刊1ヶ月分程度あると便利

防災用品は、使い方に慣れておきましょう

災害の時には、使い方マニュアルを読んでいる余裕はありません。防災用品は備えておくだけでなく、実際に使ってみることをおすすめします。

✔	防災用品	備考
	ラジオ	乾電池式や手回し充電式など
	給水袋	給水用に3つ程度あると安心
	ポータブルストーブ	暖房のほか、調理にも使える
	LEDランタン	リビング、トイレ、キッチン用に3台
	ヘッドライト	両手が空くと作業等に便利
	懐中電灯	各部屋、廊下、トイレ等に常備を
	リュック・レインカバー	避難所に移動する際に。雨の場合、傘の使用は危険
	ヘルメット・防災ずきん	
	雨カッパ	
	ホイッスル	身動きできない時に救助を呼ぶ
	携帯電話バッテリー	ソーラー充電タイプが便利
	乾電池	単1から単4まで複数揃えておく

知っていると役立つ
防災まめ知識

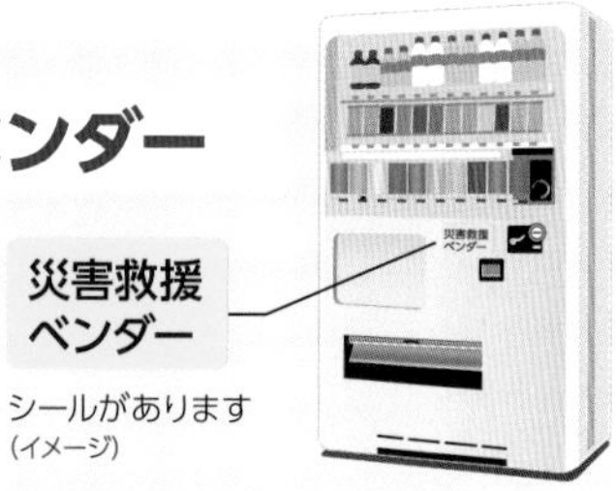

災害時に飲み物を無料で提供 **防災ベンダー**

災害時は、ボタンを押すだけで無料で飲み物を提供する仕組みの自動販売機のこと。周りの人と分け合って利用しましょう。

お風呂の残り湯は、次の入浴まで捨てない

入浴後のお風呂の残り湯は、流さないようにしましょう。急な断水時には、生活用水として利用できます。

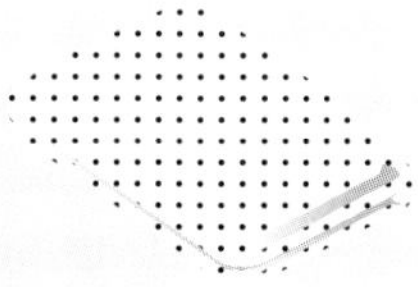

日本手ぬぐいが、バッグに1枚あると便利

- 帽子の下に挟んで日よけに。タオルよりかさばらない
- 薄手だから、洗濯しても乾きやすく衛生的
- 端が切りっぱなしだから、手で裂きやすく、ひもや包帯がわりに

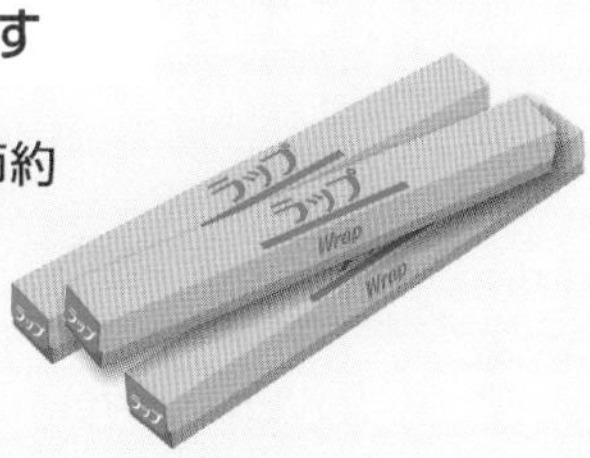

ラップは、いろいろな場面で応用できます

- 食事のたびにお皿に敷いて、食器洗いの水を節約
- くしゃくしゃに丸めて、たわし代わりに
- ねじって、ロープやひものように利用できる
- 包帯や絆創膏のかわりに、応急的に傷を保護

さまざまに利用できる **新聞紙**を1ヶ月分

新聞紙は表面加工していないので、吸湿・防臭性に優れ、さまざまに利用できます。朝刊1ヶ月分程度を目安に備蓄しておきましょう。

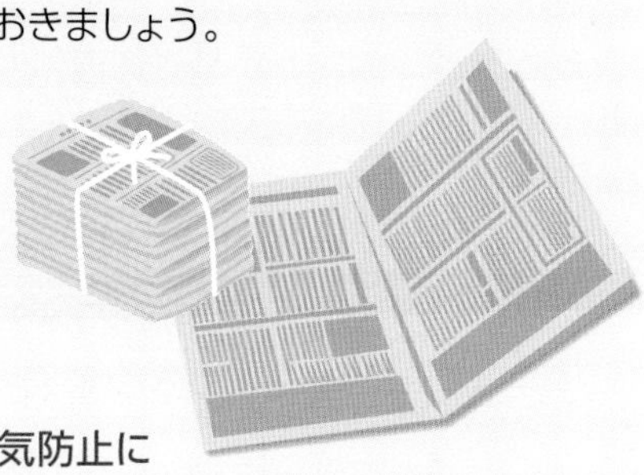

- 衣類の下に入れて防寒に
- 使用済のおむつ等を包んで防臭に
- 細かく裂いて簡易トイレの吸水材に
- 棒状に丸めて骨折の添え木に
- 棒状にねじって、焚き付けに
- シートと地面の間に敷き、冷たさや湿気防止に

車のガソリンは、常にタンク半分以上に

平常時から、自家用車やバイクのガソリンは常に十分に用意しておきましょう。半分程度まで減ったら、すぐに満タンに給油するのがおすすめです。

正確な情報を入手する

デマや風評に惑わされない、思い込みで行動しない

「いまどんな被害が出ているのか」「これからどのような事態が予想されるのか」…
災害発生時は、できるだけ早く正確な情報を集めることが重要です。

スマートフォンのおすすめアプリ

App Store からダウンロード　Google Play で手に入れよう

埼玉県公式アプリ まいたま防災

県内の防災情報や災害発生時に役立つ緊急情報を提供。「イツモ防災」アプリ版を見ることもできる

Yahoo! 防災速報

登録した3カ所と、今いる場所の災害情報を通知してくれる

雨雲レーダー／気象庁レーダー

知りたい場所の、時間ごとの雨雲の動きなどを知ることができる

離れて暮らす大切な人のために
遠方から命を守るアプリ
逃げなきゃコール 国交省推奨

避難する行動の後押しになったのは、防災無線などよりも、**近所の人や家族の呼びかけ**の影響が大きかったという調査結果があります。このことから国交省は、離れて暮らす人に避難を呼びかけられるアプリ「逃げなきゃコール」を推進中。

使い方

1. アプリをダウンロードし、家族・親戚・知人などが住む地域を登録

2. 登録した地域の災害情報を、どこにいてもスマホで受け取れる

◎◎地域で 警戒レベル3

3. 離れた人に電話等で避難を促すことができる

効果 実際の避難行動につながりやすい

地震

埼玉県　市町村地震ハザードマップ　検索

- 各市町村の地震ハザードマップリンク集です

気象庁　地震情報　検索

- 地震の発生場所（震源）や、規模（マグニチュード）、震度1以上を観測した地点の情報を提供

気象等

埼玉県防災情報メール　検索　事前登録が必要です

- 登録された携帯電話などに避難勧告などの緊急情報や気象情報、避難所開設情報などをメールで配信

気象庁　キキクル　検索

- 知りたい場所の土砂災害、浸水害、洪水災害の危険度を5段階で色分けして、地図上にリアルタイムで表示。水害の危険度がひと目で確認できます

熊谷地方気象台　検索

- 気象庁などから提供される情報を、目的別に整理したリンク集

洪水

埼玉県　川の防災情報メール　検索　事前登録が必要です

- 知りたい地域の河川氾濫注意水位情報や土砂災害警戒情報などをメールで配信

土砂災害警戒情報システム　検索　事前登録が必要です

- 地区ごとの土砂災害の発生リスクを提供。避難場所や避難経路を決めるときなどに、事前チェックを

交通

日本道路交通情報センター　検索

- 知りたい地域の渋滞や交通規制などの道路情報を得られます

鉄道運行情報　検索

- 全国の鉄道情報（運休・遅延など）を路線別に検索できます

9784878895258
1920044003005

ISBN978-4-87889-525-8
C0044 ¥300E
定価330円 本体300円+税
2021年9月25日 第1刷発行
編集・発行
埼玉新聞社
〒331-8686
さいたま市北区吉野町2-282-3
☎048-795-9931

英語文法ワークブック

Basic English Grammar for Kids 4

Third Edition

M'S WORKBOOK